언어치료 워크북

5

누가?

글 _ 박지은
• 연세의료원 재활병원 언어치료사

글 _ 우희림
• 대구대학교 일반대학원 언어치료학과 박사과정

글 _ 김정완
• 대구대학교 언어치료학과 교수

초판발행 2016년 7월 25일
초판 3쇄 2019년 1월 11일

지은이 박지은 · 우희림 · 김정완
그린이 박보배밋나
펴낸이 채종준
기 획 조가연
편 집 박미화
디자인 이효은
마케팅 황영주

펴낸곳 한국학술정보(주)
주 소 경기도 파주시 회동길 230(문발동)
전 화 031-908-3181(대표)
팩 스 031-908-3189
홈페이지 http://ebook.kstudy.com
E-mail 출판사업부 publish@kstudy.com
등 록 제일산-115호(2000. 6. 19)

ISBN 978-89-268-7442-4 14370
       978-89-268-7432-5 (전5권)

78
human
therapy

의문사로 배우는

언어치료 워크북

박지은 · 우희림 · 김정완 지음

5

누가?

이담
Books

아이들은
자라면서

인지 및 언어능력이 발달함에 따라 다양한 의문사를 습득하게 됩니다. 이러한 의문사를 활용한 질문들은 아동 언어치료 현장에서 언어 및 인지발달을 촉진시킬 수 있는 효과적인 도구로 사용되고 있습니다.

의문사 형태의 의미를 제대로 습득하지 못한 아동들의 경우, 여러 가지 의문사 질문에 대해 자기가 알고 있는 의문사 형태로만 대답하는 양상을 보이게 됩니다. 정상 발달 아동의 경우, '무엇(목적격)', '누구(목적격)', '어디서', '왜', '언제'의 순서로 의문사를 이해하게 되는데, 지적장애 아동들의 경우 그림 조건에서 '무엇', '누구', '왜'에 대한 이해가 좀 더 높아지는 경향이 있습니다.

따라서 그림을 제시하고 여러 가지 격조사와 태를 이용한 문형의 구성을 통해 언어발달지체 아이들을 훈련하는 것은 좀 더 다양한 맥락 안에서 활발하게 의문사를 이해하고 적절한 대답을 산출할 수 있도록 도와줍니다. 『의문사로 배우는 언어치료 워크북』(전5권)이 아이들의 일상생활 속에서 의문사를 이해하고 사용하는 데 도움이 되길 바랍니다.

목 차

의문사의 산출은 이해하는 것보다 늦게 이루어지는 편입니다.
다시 말해 '누가'가 포함된 질문에 대답할 수 있어야
비로소 '누가'가 들어간 질문을 하게 됩니다.
의문사 '무엇', '어디', 다음으로 보통 '누가'를 이해하게 되는데,
사람이나 동물을 가리킬 때, 직업군의 특성을 파악하고 말해야 할 때,
그리고 어떤 행동의 주체를 물어야 할 때(예 "이거 누가 그랬어?")
'누구'라는 의문사를 많이 사용하게 됩니다. 이 책에 실린 질문들은
직업 특성별로 자주 사용하는 물건이나 배경을 제시하고,
어떤 직업인지를 떠올려보게 하거나, 해당 직업의 이름을 묻고
정의를 내리게 돕는 과제로 이루어져 있습니다.
'누가'라는 의문사만 이해하고 답변하는 단계를 넘어서
다양한 직업에 대한 이해가 선행되어야 하므로
다소 어려운 편에 해당합니다.

1_ 아동에게 그림을 보여주면서 옆에 적힌 질문을 읽어주고 적절한 대답을 생각해
볼 시간을 줍니다.

2_ 아동이 적절한 반응을 보일 경우, 정반응을 다시 한 번 강화해줍니다. 강화는 구어
로 정확한 표현을 들려주거나 해당 그림을 색칠하거나 오려 붙이게 하는 방식들
이 있습니다.

3_ 아동이 무반응 또는 오반응을 보일 경우에는 주변 그림들의 이름을 묻거나 치료
사가 구어로 제시하면서 촉진 단서를 제공하고, 질문을 다른 형태로 바꾸어 다시
질문하거나 아동이 해야 할 대답을 들려줄 수도 있습니다.

누가

01 — 01

이 물건의 이름은 뭐야?
이 물건을 사용하는 사람은 누구야?

누가

01 — 02

이 물건의 이름은 뭐야?
이 물건을 사용하는 사람은 누구야?

누가

01 — 03

이 물건의 이름은 뭐야?
이 물건을 사용하는 사람은 누구야?

누가

01 — 04

이 물건의 이름은 뭐야?
이 물건을 사용하는 사람은 누구야?

BASEBALL
Tiger
Tiger
13
14

누가

01 — 05

이 물건의 이름은 뭐야?
이 물건을 사용하는 사람은 누구야?

경찰 PoLI..

누가

01 — 06

이 물건의 이름은 뭐야?
이 물건을 사용하는 사람은 누구야?

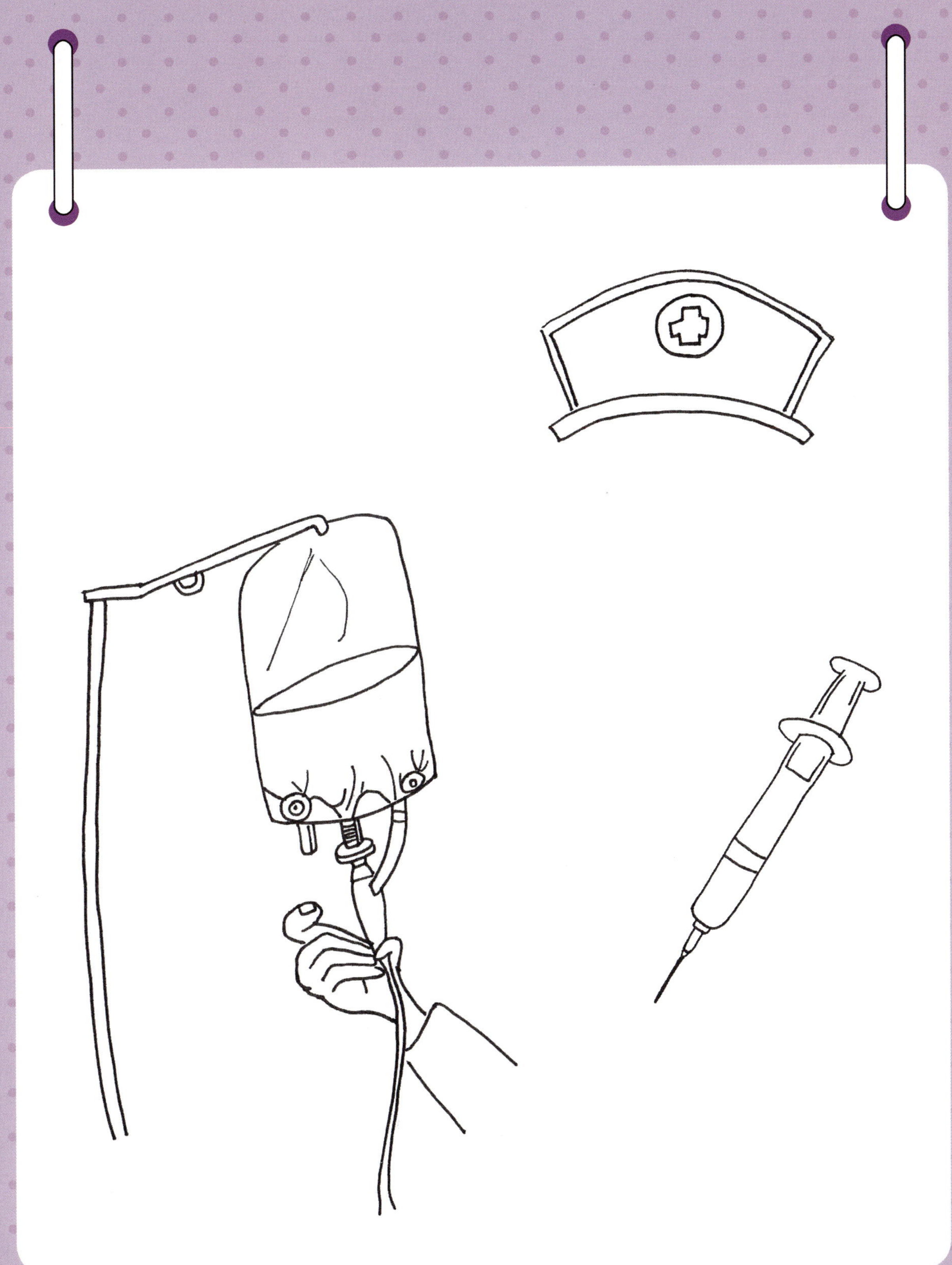

누가

01 — 07

이 물건의 이름은 뭐야?
이 물건을 사용하는 사람은 누구야?

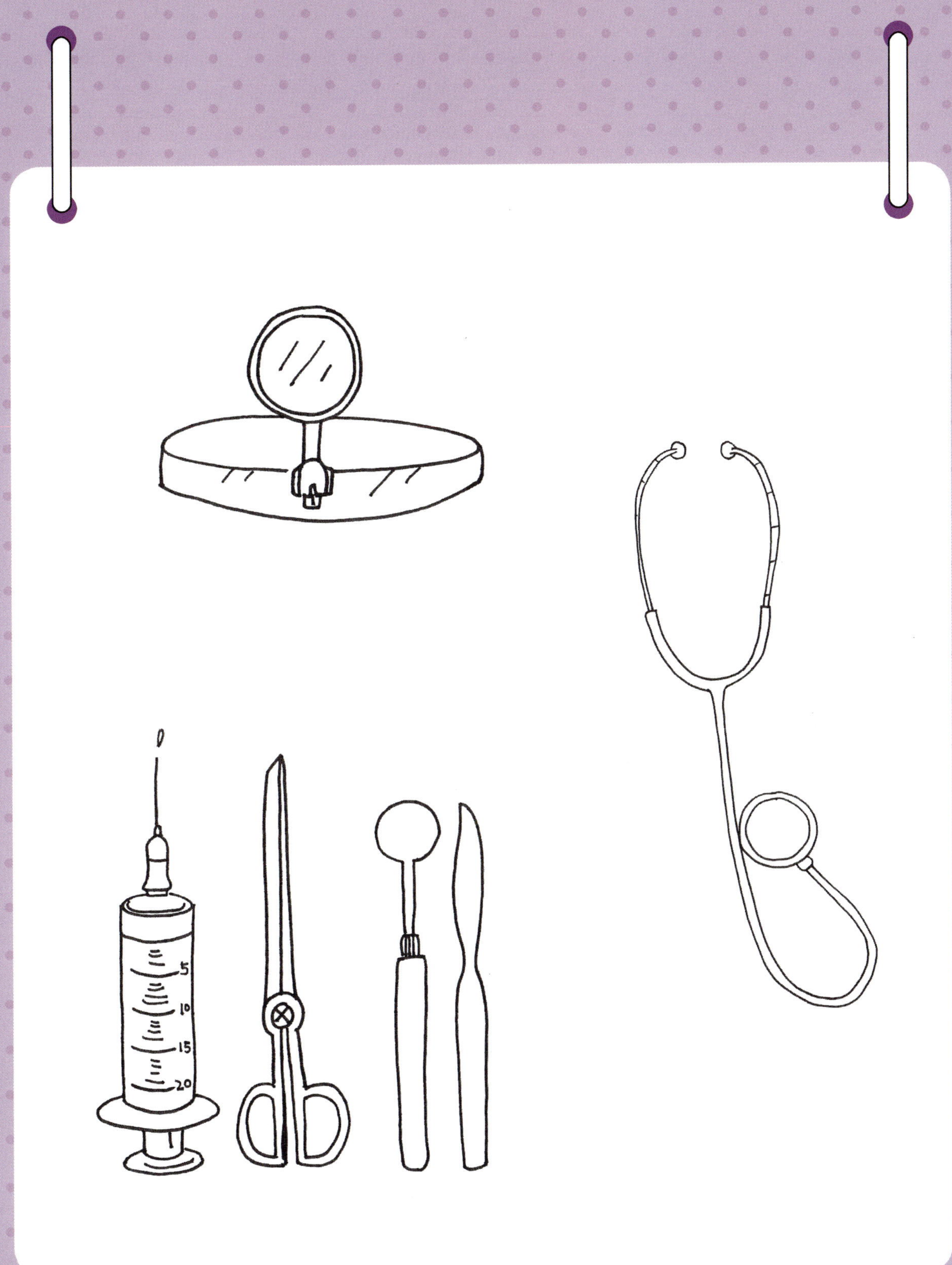

누가

01 — 08

이 물건의 이름은 뭐야?
이 물건을 사용하는 사람은 누구야?

누가

이 물건의 이름은 뭐야?
이 물건을 사용하는 사람은 누구야?

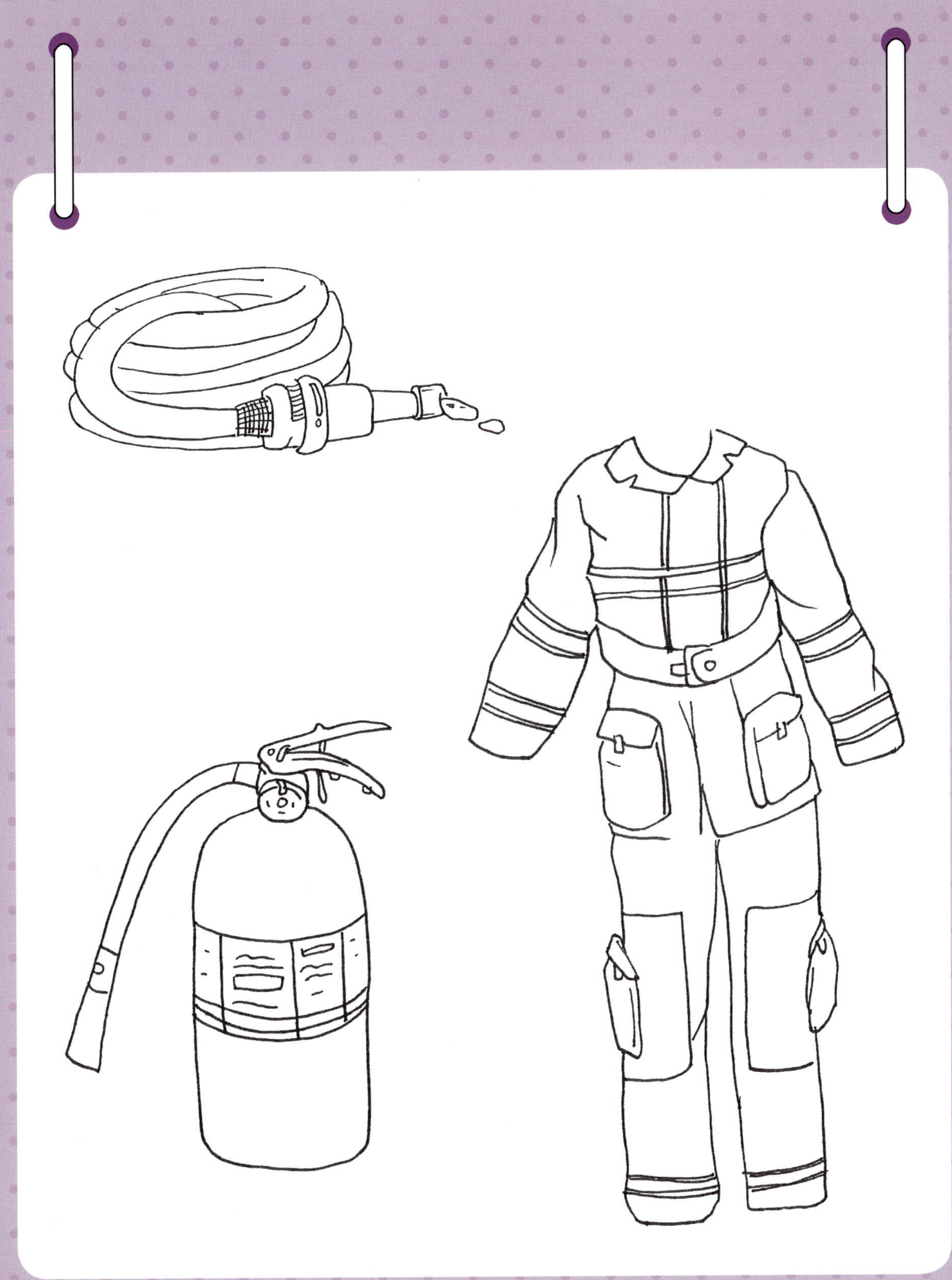

누가

02 — 01

이 물건의 이름은 뭐야?
이 물건과 관련이 있는 사람은 누구야?

약
주

누가

02 — 02

이 물건의 이름은 뭐야?
이 물건과 관련이 있는 사람은 누구야?

누가

02 — 03

이 물건의 이름은 뭐야?
이 물건과 관련이 있는 사람은 누구야?

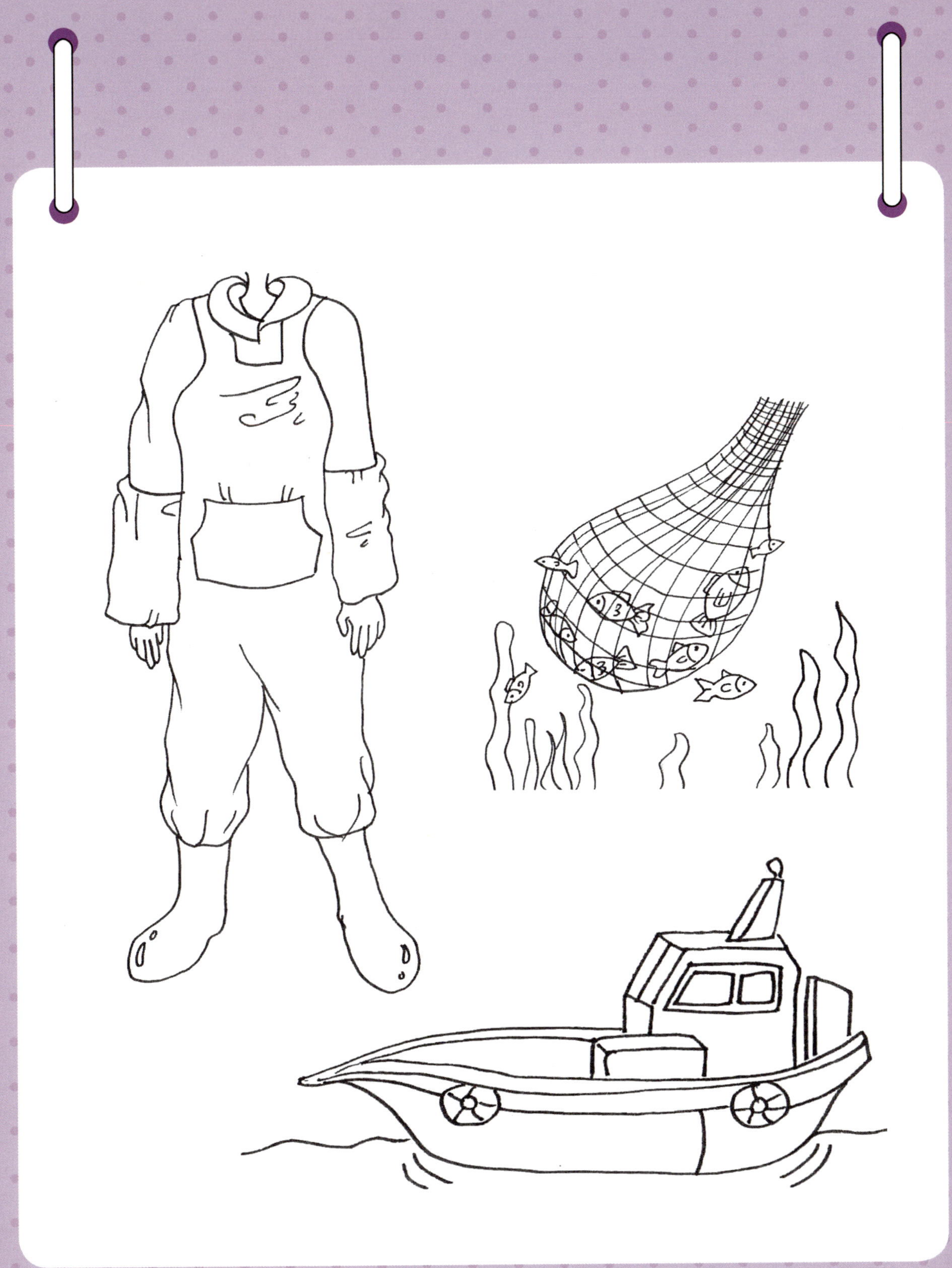

누가

이 물건의 이름은 뭐야?
이 물건과 관련이 있는 사람은 누구야?

누가

02 — 05

이 물건의 이름은 뭐야?
이 물건과 관련이 있는 사람은 누구야?

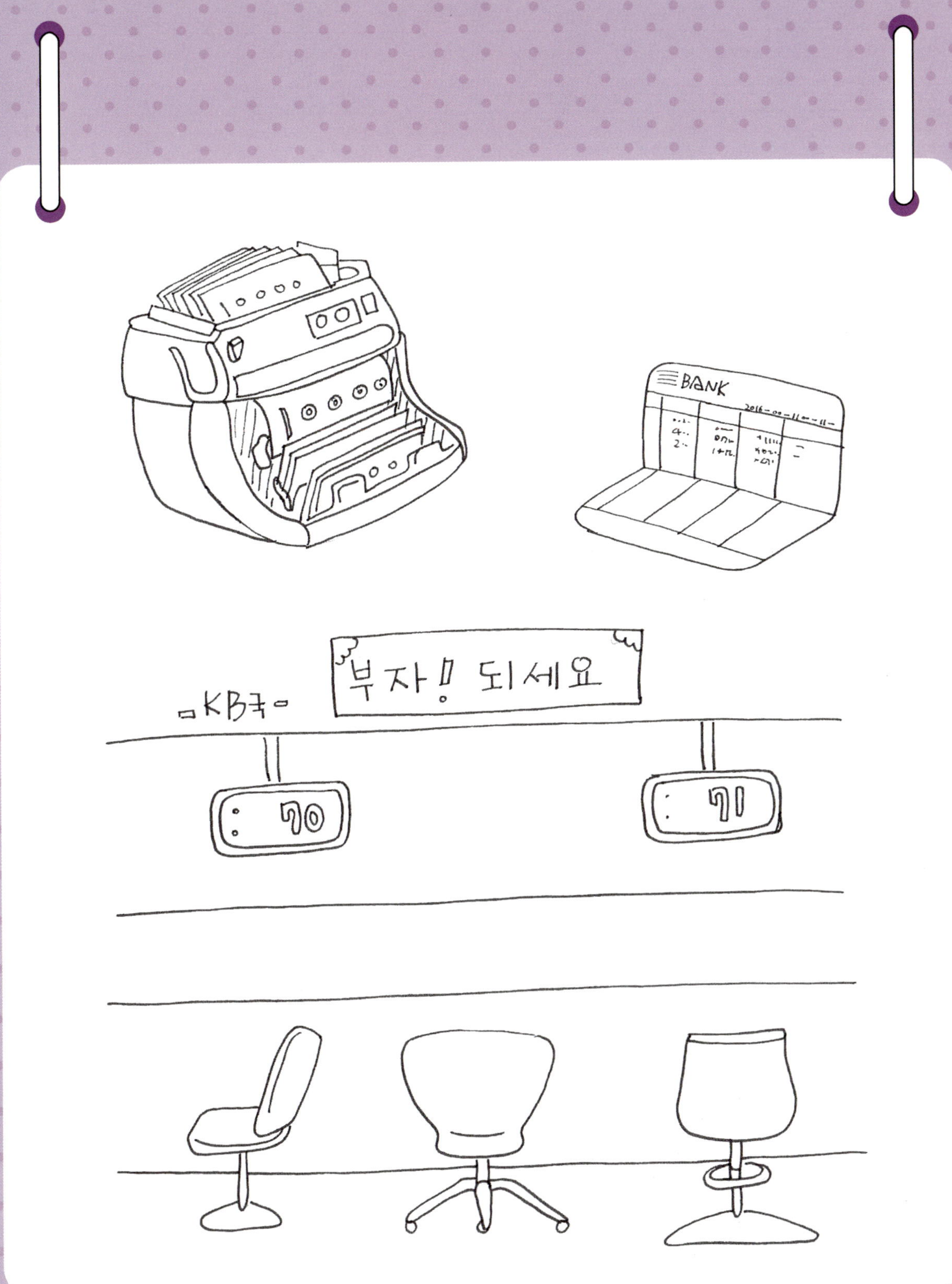
BANK
부자! 되세요
KB
70
기

누가

02 — 06

이 물건의 이름은 뭐야?
이 물건과 관련이 있는 사람은 누구야?

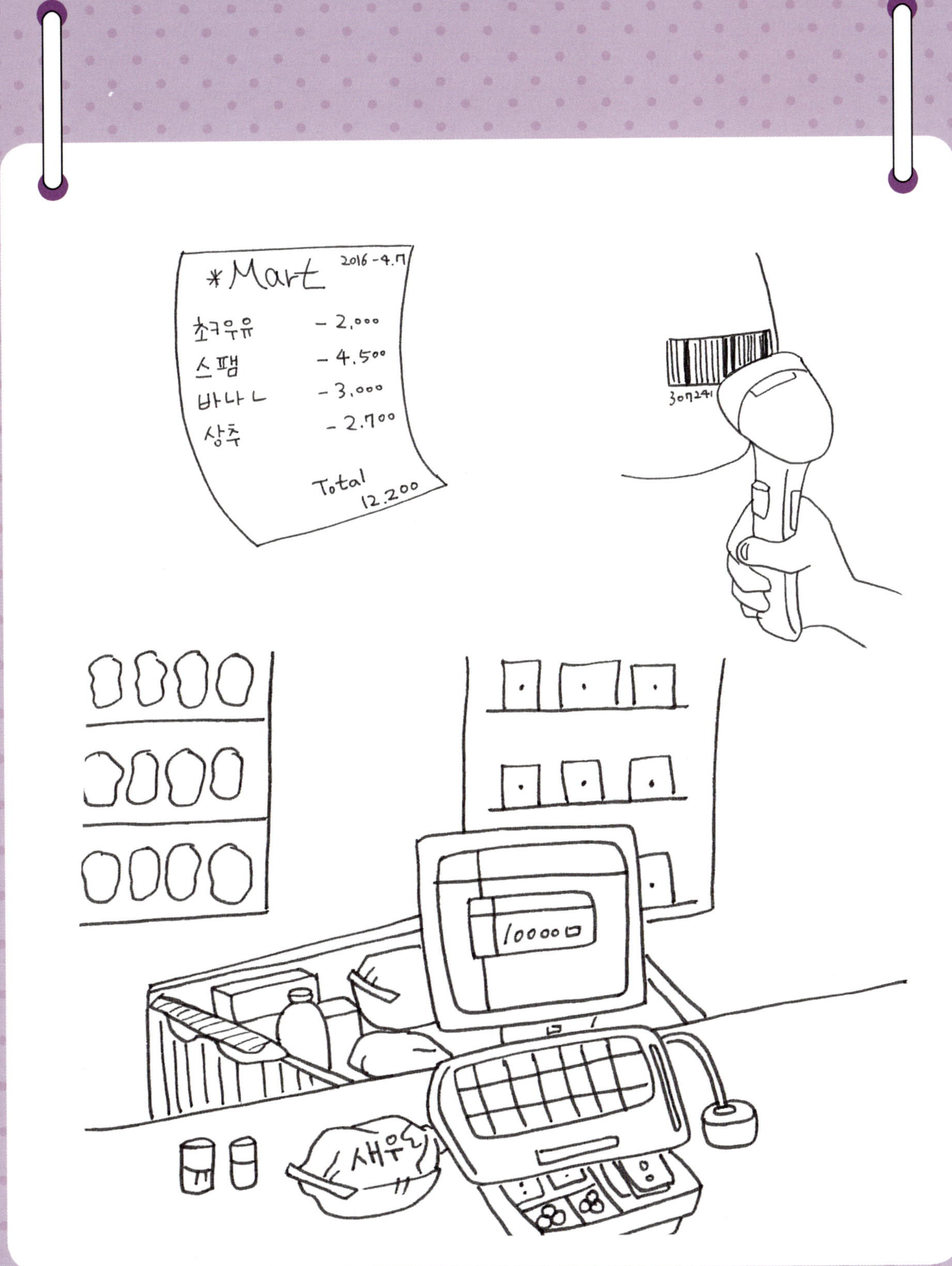
*Mart
2016-4.7
초코우유   - 2,000
스팸   - 4,500
바나나   - 3,000
상추   - 2,700
Total   12,200
307241
새우깡
10000

누가

이 물건의 이름은 뭐야?
이 물건과 관련이 있는 사람은 누구야?

누가

02 — 08

이 물건의 이름은 뭐야?
이 물건과 관련이 있는 사람은 누구야?

1350
교통

누가

02 — 09

이 물건의 이름은 뭐야?
이 물건과 관련이 있는 사람은 누구야?

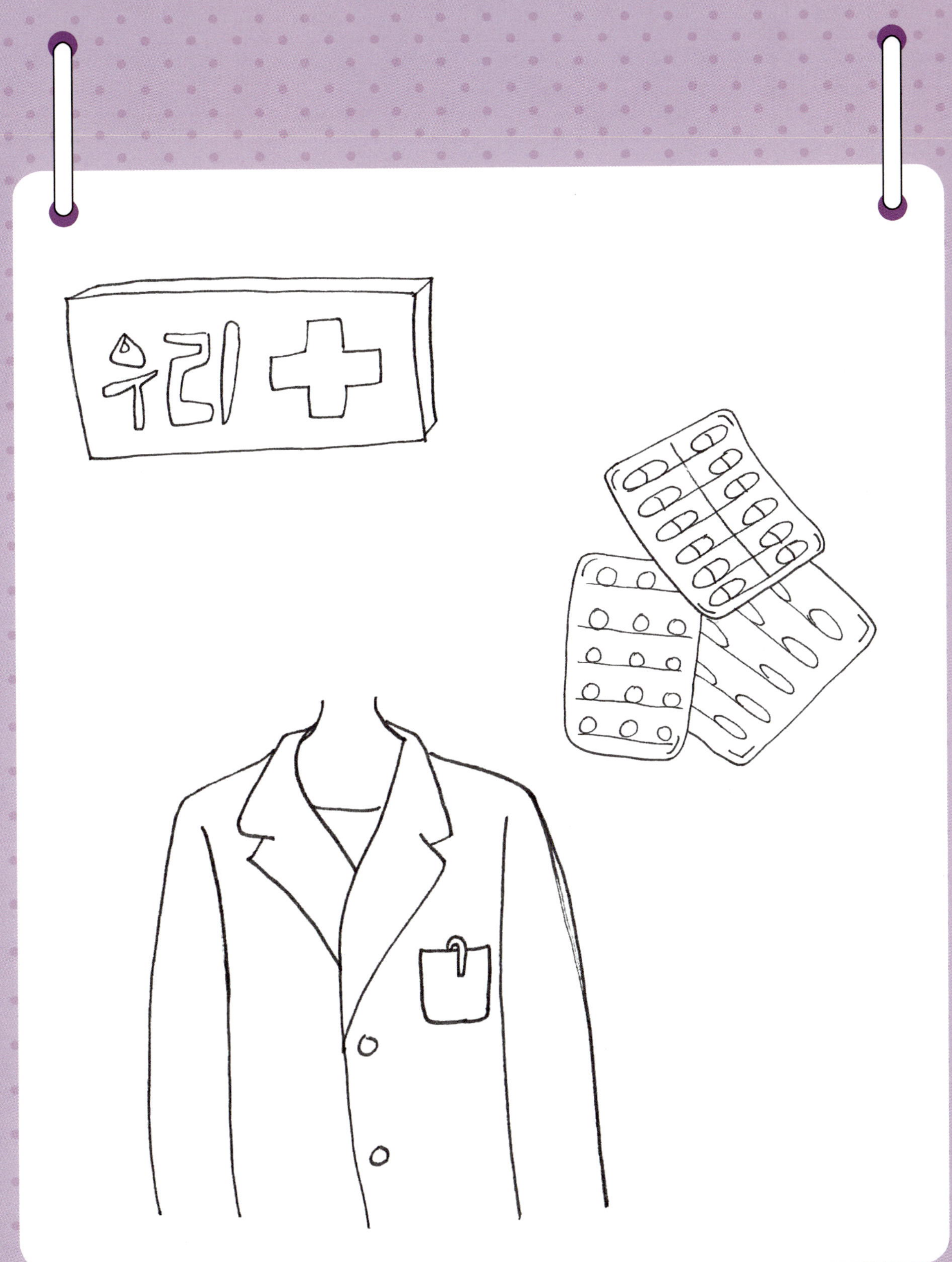
우리 ✚

누가

이 사람은 누구야?

누가

03 — 02

이 사람은 누구야?

누가

03 — 03

이 사람은 누구야?

TBN
박 진 우
woll74@naver.com

누가

03 — 04

이 사람은 누구야?

누가

03 — 05

이 사람은 누구야?

누가

03 — 06

이 사람은 누구야?

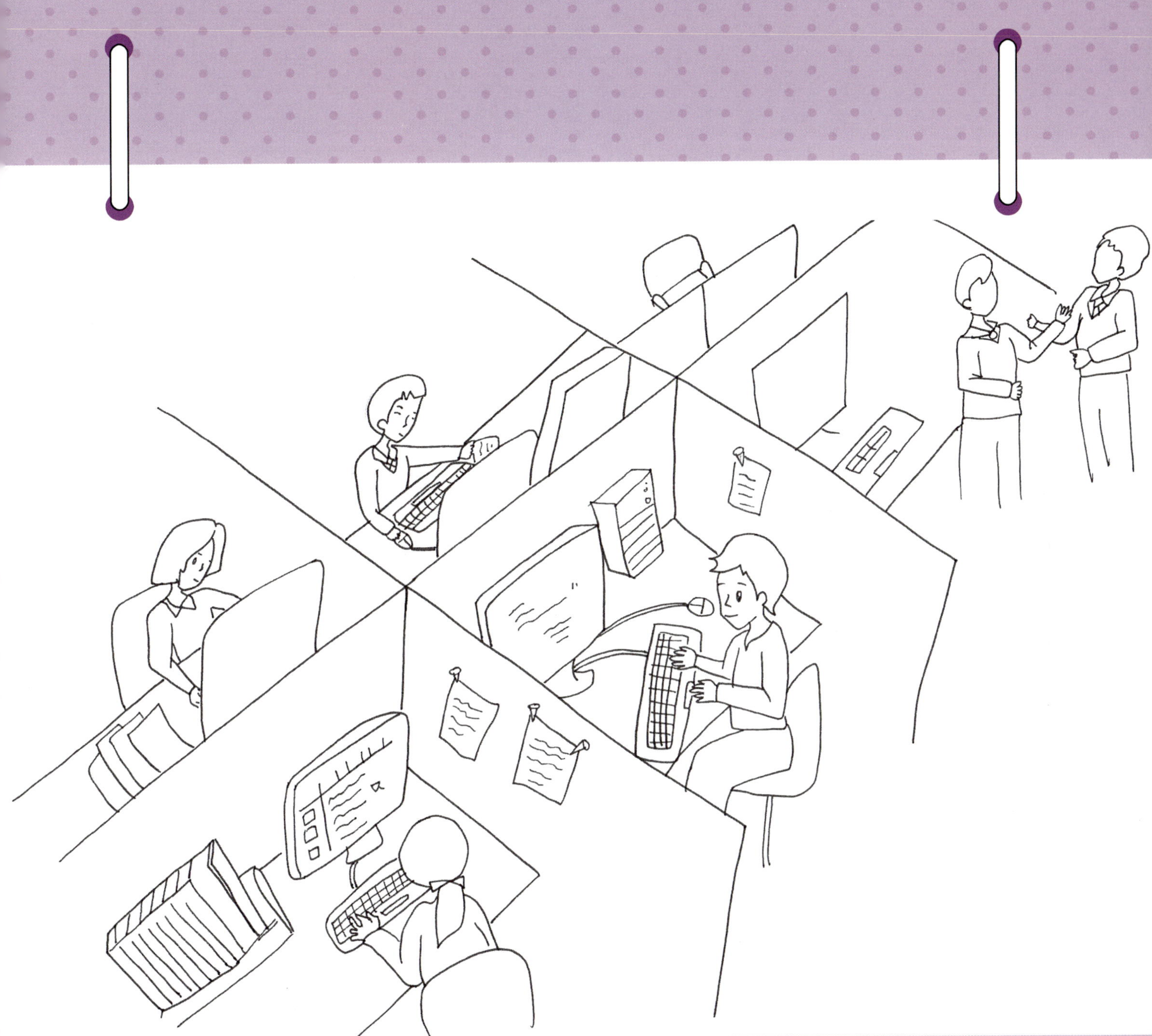

누가

03 — 07

이 사람은 누구야?

누가

03 — 08

이 사람은 누구야?

누가

03 — 09

이 사람은 누구야?

누가

03 — 10

이 사람은 누구야?

누가

03 — 11

이 사람은 누구야?

누가

03 — 12

이 사람은 누구야?

누가

03 — 13

이 사람은 누구야?

누가

03 — 14

이 사람은 누구야?

누가

03 — 15

이 사람은 누구야?

누가

03 — 16

이 사람은 누구야?

누가

03 — 17

이 사람은 누구야?

누가

03 — 18

이 사람은 누구야?

누가

03 — 19

이 사람은 누구야?

누가

03 — 20

이 사람은 누구야?

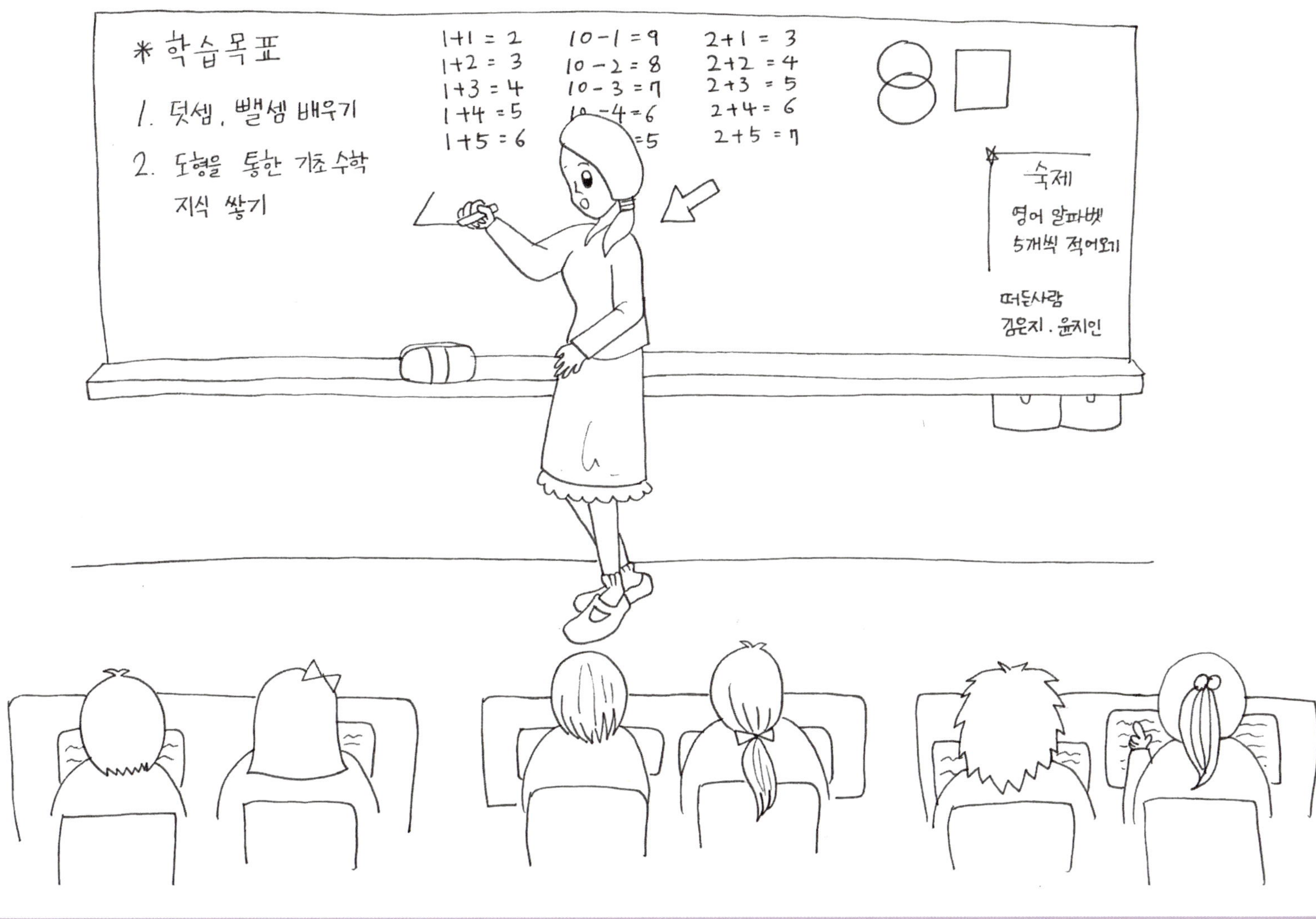
✳ 학습목표

1. 덧셈, 뺄셈 배우기

2. 도형을 통한 기초 수학
   지식 쌓기

1+1 = 2
1+2 = 3
1+3 = 4
1+4 = 5
1+5 = 6

10-1 = 9
10-2 = 8
10-3 = 7
10-4 = 6
=5

2+1 = 3
2+2 = 4
2+3 = 5
2+4 = 6
2+5 = 7

숙제
영어 알파벳
5개씩 적어오기

떠든사람
김은지 · 윤지인